MÃE DEUSA

A COZINHA
ALTERNATIVA
DOS ORIXÁS

DEUSA COSTA BARCELLOS

MÃE DEUSA
A COZINHA ALTERNATIVA DOS ORIXÁS

Rio de Janeiro, 2010

Copyright© 2010
Deusa Costa Barcellos

Editoras
Cristina Fernandes Warth
Mariana Warth

Coordenação editorial
Silvia Rebello

Produção editorial
Rafaella Lemos

Revisão
Bruno Lima

Projeto gráfico e diagramação de miolo
Aron Balmas

Capa
Luis Saguar e Rose Araujo

(Este livro segue as novas regras do Acordo Ortográfico da Língua Portuguesa.)

Todos os direitos reservados à Pallas Editora e Distribuidora Ltda.
Não é permitida a reprodução por qualquer meio mecânico, eletrônico, xerográfico etc. de parte ou da totalidade do conteúdo e das imagens contidas neste impresso sem a prévia autorização por escrito da editora.

CIP-BRASIL.CATALOGAÇÃO-NA-FONTE
SINDICATO NACIONAL DOS EDITORES DE LIVROS, RJ

B218m

Barcellos, Deusa Costa
Mãe Deusa : a cozinha alternativa dos orixás / Deusa Costa Barcellos. - Rio Janeiro : Pallas, 2010.

104p.

ISBN 978-85-347-0438-0

1. Candomblé - Rituais. 2. Culinária - Aspectos religiosos - Candomblé. I. Título.

10-2955.   CDD: 299.673
                                                      CDU: 299.6

Pallas Editora e Distribuidora Ltda.
Rua Frederico de Albuquerque, 56 – Higienópolis
CEP 21050-840 – Rio de Janeiro – RJ
Tel./fax: 55 21 2270-0186
www.pallaseditora.com.br
pallas@pallaseditora.com.br

sumário

Prefácio, 7

Agradecimentos, 11

Introdução, 13

As preferências culinárias dos santos, 15
Flores, 16
Folhas, 17
Legumes e verduras, 18
Frutas, 20

A comida de cada orixá, 23
Exu, 23
Ogun, 28
Oxossi, 32
Ossãe, 36
Oxumarê, 39
Obaluaê, 42
Xangô, 45
Yansã, 49
Logun-Edé, 52
Oxum, 55

Yemanjá, 59
Nanã, 63
Kitembo, 66
Ibeiji, 69
Oxalá, 74

Os temperos, 79

Quem come com quem?, 83
As melhores combinações, 84

Método para organizar uma mesa de santo, 89
A mesa para oferendas de rua, 90
Os locais de regência e preferência de cada orixá, 91
O que não combina, o que é incompatível, 92

As oferendas para os encantados, 93

Saudações simples para se arriar uma oferenda, 97

Conclusão, 101

Bibliografia, 103

prefácio

Quando queremos agradar o orixá, fazemos oferendas das mais diversas. Exu gosta do "padê", a bela farofa de azeite de dendê, com rodelas de cebolas e bife cru; Oxossi fica alegre com o "axoxô", feito com espigas de milho cozidas, acompanhadas de amendoim torrado e fatias de coco; o "duburu" (pipoca com fatias de coco) acalma Obaluaê; já Xangô farta-se com o "amalá", o quiabo com camarão seco.

Entre as Yabás, orixás mulheres, agrada-se a Yansã com o tradicional "acarajé", bolinho de feijão-fradinho com camarão seco, e Oxum come o "omolocum", o feijão-fradinho com ovos cozidos. Oxalá, que gosta de comida branca, é oferendado com o "ebô", que é a canjica branca cozida, regada com mel e coberta com algodão.

Quando se pensa em fazer oferendas, zeladores e zeladoras, bem como os iniciados no santo,[1] vão direto ao tradicio-

---

[1] O termo *santo* é usado, nas religiões afro-brasileiras, como sinônimo de *orixá* e de *religião dos orixás*. *Iniciado no santo* significa iniciado numa religião dos orixás (candomblé, umbanda etc.); *povo do santo* é o conjunto dos seguidores de uma religião dos orixás; *ter sabedoria dentro do santo* significa ter sabedoria nas coisas da religião.

nal, ou seja, "arriam" comidas tradicionais como as que acabei de mencionar.

O que muita gente desconhece é que existe uma grande variedade de petiscos e iguarias que agradam — e muito — o orixá. Não são as tradicionais e já bastante conhecidas, mas outras, saborosas, diferentes, pouco usadas, mas que causam grande alegria ao santo, que se mostra através da já conhecida "aláfia" (maneira pela qual, através dos búzios, pergunta-se se o orixá aceita a oferenda, sendo esta a resposta absolutamente favorável).

Com mais de trinta anos de iniciada na nação keto, sendo ela filha de santo do conhecido, consagrado e respeitado zelador Guilherme D'Ogun, Deusa (Dofonitinha D'Oxum) esmerou-se no preparo de iguarias para o orixá, tendo feito seu aprendizado pelas mãos da zeladora Yara D'Oxum, prosseguindo na Casa de seu pai e, após isso, através dos tempos, como yawô e, após, ebomi, com uma vida inteira dedicada ao Candomblé.

Esposa e mãe dedicada, Deusa se esmera na cozinha do dia a dia, já que entende que cozinhar — de um modo geral — é um sacerdócio, e ela tem sempre uma boa surpresa para sua família na hora do almoço.

Como Dofonitinha D'Oxum, tenho a honra de tê-la como mãe-pequena da minha casa de santo, onde repassa seus conhecimentos para as yabassés (cozinheiras dos orixás) e os demais filhos de santo interessados pela culinária do Candomblé.

Em nossos 32 anos de casados, sempre presenciei sua dedicação, seu carinho, cuidado e bom gosto, já que, além de bela cozinheira, é uma pessoa muito espiritualizada e preocupada com o tratamento dado aos santos e com os rumos da religião.

Embora relutante em passar para o papel todo esse manancial de conhecimento sobre a cozinha do orixá, neste seu *prefácio*

primeiro trabalho, que tenho a honra de prefaciar, Deusa apresenta algumas receitas simples (e outras mais complicadas) que agradam não somente os orixás, mas também os nossos olhos e paladares.

Deusa tem uma interpretação diversa da minha, quando considero que as receitas que virão a seguir são oferendas *alternativas* para o orixá. Para ela, oferenda é oferenda, e ela entende, de uma forma especial, o que agrada e o que não agrada este ou aquele orixá.

As oferendas contidas neste trabalho são, em sua maioria, uma forma simples de presentear o nosso santo. Entretanto, ela também pode fazer uma grande "mesa", bem mais complexa, própria de casas de santo.

Usando elementos como frutas, legumes, verduras, folhas e flores, entre outros, Deusa deixa transparecer este seu dom mágico, mesmo não sendo ela uma yabassé propriamente dita, pois tem cargo de zeladora.

Eu diria, para finalizar, que alguns zeladores e zeladoras que conhecem seu trabalho sempre comentam de uma forma bastante carinhosa e reconhecida: "Mãe Deusa sabe tocar o estômago do santo!"

Mario Cesar Barcellos

9

Agradecimentos

Quando se faz um primeiro trabalho em livro, como este, são muitos os nomes a quem queremos homenagear e agradecer de coração. Acredito que, se fosse listar todos eles, teria que fazer um livro extra.

Entretanto devo, em primeiro lugar, agradecer a Deus, que me deu o dom da vida. Agradecer a minha Mãe Oxum, que me deu o dom de preparar agrados para os orixás e encantados. Agradecer a Ogun, que me dá força e protege tudo aquilo que amo. Mas não posso deixar de agradecer a dois zeladores de santo que me ensinaram tudo aquilo que sei sobre a cultura afro-brasileira. São eles o meu Pai, Guilherme D'Ogun, que me iniciou em sua casa de santo, e Dona Yara de Oxum, a quem carinhosamente também chamo de Mãe, pois me ensinou a cuidar de uma casa e muitos segredos da religião.

Não poderia deixar de agradecer ao meu marido, Mario Cesar Barcellos (*Kitalamyn*), que prefacia esta obra e que foi meu grande incentivador para a realização deste trabalho.

Agradeço aos meus filhos carnais, Mario Barcellos Neto (*Obá-Orambi*) e Maximiliano Costa Barcellos (*Kajalabi*), e ao meu amado e querido neto, Gabriel Miranda Barcellos, filho carnal de meu filho mais velho, que é a alegria de nossas vidas.

Faço minha homenagem também — esta póstuma — a José da Silva Pinho (*Dumeci*), de Kaviungo (Obaluaê), filho de santo de Mario Barcellos e irmão de santo de meu esposo, que outrora foi pai-pequeno da *roça* onde eu sou a mãe-pequena. Homem de grande retidão, personalidade e sabedoria dentro do santo.

Também é importante fazer uma homenagem póstuma ao meu sogro, Mario Barcellos (*Obá-Telewá*), falecido em 2007, que deixará saudades pela sua dedicação, sua importância e seu conhecimento da religião, e por ter sido uma presença marcante na vida de todos nós que convivemos na família Barcellos. Olodumare tenha sua alma em plena paz!

Por fim, quero homenagear aquele que será sempre o símbolo da Pallas: Sr. Antonio Carlos, pai de todas as obras desta editora.

Graças a todos estes, sou o que sou... E tenho muito orgulho disso.

A todos, muito obrigada e Axé!

A autora

introdução

Eu sempre acreditei que, se comemos macarrão (por exemplo) todos os dias, chega uma hora em que esse prato enjoa... E o orixá?... Sente o mesmo?

Bom, se somos uma molécula de nossos santos e se carregamos suas características, com certeza o orixá enjoa de comer sempre a mesma comida!

Oferecer sempre inhame para Ogun, chicória para Ossãe, batata-doce para Oxumarê, paçoquinha para Nanã é limitar o contato com os orixás. Acredito que as oferendas alternativas, como gosta de chamá-las meu marido Mario Cesar Barcellos (*Kitalamyn*), são uma forma de estreitar os laços entre o homem e o divino.

Eu não sou muito de falar; gosto de pensar, idealizar, pesquisar, inventar, criar pratos que agradam os santos. Pratos simples, outros mais complexos. Alguns têm a finalidade de acalmar o orixá. Outros têm o objetivo de fortalecer um pedido. Alguns servem para unir famílias, outros para afastar pessoas que possam nos prejudicar.

As oferendas têm estes objetivos: fortalecer, obter êxito em algum negócio, trazer saúde — que são os mais buscados —, dinheiro, harmonia, amor e calma. Também existem oferendas que "esquentam" as coisas, como no exemplo de uma pessoa muito parada, sem iniciativa, para quem então se prepara uma comida para "apimentar" a vida, fazendo com que a pessoa se torne mais ativa.

O orixá, bem como qualquer entidade, se alimenta da essência dos alimentos a ele oferecidos, e existe sempre algum tipo de alimento que agrada o orixá e a pessoa que oferece.

Embora tenha sido iniciada na nação keto, costumo pesquisar e executar alguns trabalhos mais ligados à nação angola, na qual meu marido foi iniciado. Entretanto, eu creio que, bem no fundo, não importa muito a nação, mas o objetivo do trabalho. Orixá, vodum ou nkise, todos, enfim, gostam de ser agradados com uma bela e farta mesa, mas também atendem com uma pequena homenagem, desde que seja feita com o coração e com bom gosto.

Seja como for, a cozinha sempre foi, é e será o caminho mais propício para se obter bons resultados junto aos orixás.

Apresento, então, algumas receitas para agradar o nosso santo, bem como agradar o santo de nossos consulentes, amigos e parentes, além de oferendas genéricas, que têm o objetivo de agradar todo o panteão de orixás.

Então... Bom apetite!

Deusa Costa Barcellos
(Dofonitinha D'Oxum)

As preferências culinárias dos santos

Orixás, nkises, voduns, bem como encantados — caboclos, pretos-velhos, povo da rua —, entre outros seres do mundo espiritual, todos, sem exceção, se alimentam da essência das coisas, ou seja, do cheiro, do aroma de um modo geral. Isso é o que faz gerar energia, a mais pura energia.

Em se tratando de comida de santo — ou oferenda, se assim se preferir —, cada conjunto de elementos agrada este ou aquele santo, e a união de elementos, em conjunto com a forma de preparar e a prece ou pedido, é que vai dar o que chamamos de "encanto".

Separadamente, este ou aquele elemento é do agrado de uns e pode ser *kizila* (aversão) de outros. Em verdade, cada orixá (para os ketos), nkise (para os angolas e congos) e vodum (para os ewefons) tem sua preferência na culinária. Assim, por exemplo, Oxossi gosta de javali e Ogun, de cabrito.

De fato, o gigantesco manancial de alimentos oferecido pela natureza é desfrutado pelos santos de todas as nações. E não somente aquelas comidas que conhecemos, mas tudo, enfim, pode ser oferecido ao seu orixá de cabeça, orixá de consagração ou aquele que adotamos ou de quem somos devotos.

Para se fazer comida de santo ou agrado, não é preciso ser o que na minha nação keto se chama *yabassé* (cozinheira de orixá). Basta verificar suas necessidades e escolher bem dia, hora e fase da lua, assim como estar de corpo limpo para executar a oferenda.

Daí para a frente, é juntar os ingredientes e colocar mãos à obra, sem nunca se esquecer de estar bem concentrado e permeado de muita fé e convicção naquilo que está executando.

Santo come folhas, flores, frutas, cereais, carnes, temperos diversos, tudo enfim... E este capítulo vem mostrar a preferência culinária destas divindades exigentes e de gosto apurado.

FLORES

EXU – Rosa vermelha, cravo vermelho.

OGUN – Flor-do-campo, begônia, palma vermelha.

OXOSSI – Flor-do-campo, sempre-viva, alecrim.

OSSÃE – Margarida, monsenhor.

OXUMARÊ – Monsenhor branco.

OBALUAÊ – Monsenhor branco.

XANGÔ – Monsenhor vermelho.

YANSÃ – Rosa vermelha, rosa-chá.

LOGUN-EDÉ – Alecrim, rosa amarela, flor-do-campo, sempre-viva, brio-de-estudante.

OXUM – Rosa amarela, palma amarela.

as preferências culinárias dos santos

YEMANJÁ – Palma branca, rosa branca, lírio.

NANÃ – Rosa-chá, rosa branca, monsenhor.

KITEMBO – Rosa branca miúda, flor-do-campo.

IBEIJI – Rosa branca, lírio, sempre-viva, alecrim.

OXALUFAN – Rosa branca, lírio, palma branca.

OXOGUIAN – Rosa branca, begônia, monsenhor, alecrim.

FOLHAS

EXU – Pimenteira, cansanção, figueira, mangueira, eucalipto, limoeiro, mostarda.

OGUN – Mangueira, capitão, folha-da-fortuna, saião, endro.

OXOSSI – Araçá, alecrim-do-campo, manjericão, saião, alface lisa, pitangueira, arnica, espinheira-santa.

OSSÃE – Alface crespa, rúcula, almeirão, couve, saião, espinafre, sálvia, arnica, sene.

OXUMARÊ – Alface crespa, almeirão, saião, manjericão roxo, guaco, sálvia, losna, maracujá.

OBALUAÊ – Manjericão roxo, erva-macaé, cebolinha, almeirão roxo, mostarda, gervão, funcho, poejo, jurubeba.

XANGÔ – Melão-de-são-caetano, manjericão, erva-pombinha, quitoco, saião, agrião, manjerona.

YANSÃ – Mãe-boa, saião, folha-da-fortuna, manjericão branco ou roxo, catinga-de-mulata, manjerona, coentro, camomila.

mãe deusa – a cozinha alternativa dos orixás

LOGUN-EDÉ – Brio-de-estudante, araçá, laranjeira, pitangueira, alface lisa, manjericão branco, saião, alecrim-de-jardim, sálvia, espinheira-santa.

OXUM – Oriri, oripepê, saião, manjericão branco, sálvia, erva-doce.

YEMANJÁ – Assa-peixe, manjericão branco, alface crespa, rúcula, saião, sálvia, folha-da-fortuna, tomilho.

NANÃ – Bertalha, rúcula, saião, manjericão roxo, cebolinha, alface crespa ou lisa, mostarda, sálvia, almeirão, tomilho, jurubeba.

KITEMBO – Almeirão roxo, alface crespa, couve, saião, manjericão branco e roxo, boldo (tapete-de-oxalá).

IBEIJI – Manjericão branco, saião, oriri, pega-pinto (etipaolá), alecrim-de-jardim, agrião.

OXALÁ – Manjericão, saião, alface lisa, salsa, alfazema, sálvia, pega-pinto (etipaolá), funcho.

LEGUMES E VERDURAS

EXU – Repolho roxo, beterraba, rabanete, tomate, jiló, pimentão vermelho, pimenta.

OGUN – Batata-inglesa, inhame, cará, aipim, tomate.

OXOSSI – Abóbora, moranga, chuchu, cenoura, vagem, batata-doce, batata-inglesa, inhame, ervilha.

OSSÃE – Nabo, couve-flor, repolho, brócolis, maxixe, alcachofra, pimentão verde, batata-doce, ervilha.

as preferências culinárias dos santos

OXUMARÊ – Pepino, nabo, batata-doce, berinjela, ervilha, maxixe, vagem, pimentão verde.

OBALUAÊ – Maxixe, repolho claro, repolho roxo, jiló, aipim, chuchu, abobrinha.

XANGÔ – Abóbora, batata-baroa, ervilha, pimentão vermelho, nabo.

YANSÃ – Batata-baroa, aipo, abobrinha, tomate, berinjela, batata-inglesa, rabanete, abóbora.

LOGUN-EDÉ – Cenoura, abóbora, moranga, nabo, inhame, ervilha, batata-inglesa, vagem, cará.

OXUM – Batata-inglesa, nabo, cenoura, alcachofra, pimentão amarelo.

YEMANJÁ – Aipo, nabo, alcachofra, repolho claro, couve-flor, abobrinha, inhame.

NANÃ – Maxixe, pepino, tomate, jiló, repolho roxo, batata-baroa, abobrinha, pepino.

KITEMBO – Jiló, maxixe, alcachofra, pimentão, aipim, berinjela, couve-flor, batata-doce, brócolis, beterraba, chuchu.

IBEIJI – Brócolis, batata-doce, inhame, moranga, abóbora, cará, ervilha, couve-flor, cenoura.

OXALÁ – Alcachofra, couve-flor, nabo, repolho claro, aipo, chuchu, inhame, abobrinha.

mãe deusa – a cozinha alternativa dos orixás

FRUTAS

EXU – Amora, abacaxi, cana, maçã vermelha, jaca dura, tâmara, uva-moscatel, morango, banana-nanica, figo, coco, goiaba, laranja-da-terra.

OGUN – Manga-espada, carambola, açaí, araçá, goiaba, coco, melancia, caju, laranja, cajá, melão, melancia, graviola, cana.

OXOSSI – Araçá, caju, graviola, mamão, pitanga, banana, melancia, uva verde e moscatel, coco, acerola, laranja, maçã verde e vermelha, manga-carlotinha, carambola.

OSSÃE – Abacate, maçã verde, banana-prata, caju, mamão, uva verde, laranja, pêssego, pera, fruta-de-conde, carambola, tangerina, açaí, melão, tâmara.

OXUMARÊ – Fruta-pão, uva verde, banana-da-terra ou são-tomé, pera, fruta-de-conde, carambola, graviola, jaca mole, jamelão, mamão, tangerina.

OBALUAÊ – Jabuticaba, jaca mole, fruta-de-conde, banana-da-terra, cajá, graviola, ameixa, tangerina, jamelão, coco, caju, uva, maçã, abacaxi, jenipapo.

XANGÔ – Manga-coração-de-boi, melancia, uva moscatel, melão, mamão, maçã vermelha, morango, cereja, caju, romã, acerola, amora.

YANSÃ – Morango, manga-carlotinha, manga-rosa, acerola, maçã vermelha, uva moscatel, cereja, tangerina, tâmara, mamão, jamelão, açaí, jabuticaba.

LOGUN-EDÉ – coco, araçá, pitanga, uva verde, banana-ouro, banana-d'água, banana-maçã, maçã verde, maçã vermelha, caju, graviola.

as preferências culinárias dos santos

OXUM – Banana-ouro, caju, pêssego, melão, mamão, cajá, uva verde, laranja-lima, maracujá, araçá, maçã verde, pera, carambola.

YEMANJÁ – Melão, banana-prata, graviola, pera, uva verde, caju, açaí, araçá, fruta-pão, ameixa, açaí.

NANÃ – Amora, jabuticaba, graviola, acerola, jamelão, fruta-de-conde, fruta-pão, pêssego, figo, maçã vermelha, maracujá, uva moscatel, jenipapo.

KITEMBO – Jamelão, amora, jaboticaba, cajá, manga, jaca, caju, banana-d'água (caturra), uva verde e moscatel, figo, carambola, coco.

IBEIJI / VUNJI – Todas as frutas, exceto amora e figo.

OXALÁ – Melão, banana, tâmara, mamão, maçã verde, uva verde, pera, fruta-de-conde, fruta-pão, romã, laranja, maracujá.

Seguindo algumas regras, qualquer pessoa pode fazer pratos que irão agradar, e muito, os santos. É importante também que se destaque que as oferendas devem ser dirigidas apenas para o bem, visando paz, saúde, tranquilidade, sorte, dinheiro, emprego, união, boas relações de trabalho e de amizade, e por aí afora.

Maldade não é ingrediente; maldade não é tempero; maldade só afasta o orixá e deixa a pessoa mais fraca, mais desprotegida e longe das coisas boas da vida. Pense nisso!

A comida de cada orixá

EXU

Oferenda para ganhar dinheiro

1 quilo de farinha de mesa (mandioca) crua
1 garrafa de cachaça
7 moedas correntes
7 pimentas-malaguetas
7 folhas verdes de louro
7 punhados pequenos de açúcar cristal
7 favas tento-de-exu (semente preta e vermelha)
1 alguidar

Misture, dentro do alguidar, a farinha e o açúcar com a cachaça. Ornamente a seu gosto, com as folhas de louro, as favas, as moedas e as pimentas, sempre fazendo os pedidos para que Exu traga bons negócios, desamarre negócios financeiros complicados etc. Entregue em dia de sol quente — de preferência entre meio-dia e três horas da tarde —, numa estrada de terra.

Outra oferenda para ganhar dinheiro

1 quilo de farinha de mesa (mandioca) crua
1 vidro médio de mel
21 moedas correntes
1 alguidar pequeno

Misture no alguidar a farinha com o mel e as moedas, mexendo com as mãos e firmando o pedido para que Exu traga boa sorte nos negócios, no jogo, ou que desamarre um negócio que esteja complicado para se concretizar. Se mora em casa, coloque por três dias no quintal, à frente da casa. Se mora em apartamento, coloque num lugar próximo à porta da rua, no lado de dentro, pelo mesmo período. Após os três dias, despache no mato. Detalhe: tire as moedas da oferenda, misture-as com outras e gaste normalmente.

Mais uma oferenda para ganhar dinheiro

Arroz cozido em água e sal até a consistência de papa,
    em quantidade suficiente para fazer 21 bolos
1 vidro médio de azeite de dendê
21 moedas correntes
1 prato médio branco

Faça 21 bolos com o arroz, misturando-o com o azeite de dendê. Em cada bolo, coloque uma moeda e arrume tudo no prato. Leve para uma encruzilhada, à noite, e faça seus pedidos para Exu.

Oferenda para Exu
encontrar uma pessoa desaparecida

1 tigela de louça branca
1 quilo de farinha de mesa (mandioca) crua
1 vidro pequeno de mel
1 vidro pequeno de azeite de dendê
7 pedaços pequenos de carvão vegetal
7 moedas correntes
1 cebola
1 pedaço de papel branco
Lápis

Faça a mistura de meio quilo da farinha de mesa com mel e do outro meio quilo com azeite de dendê. Arrume cada mistura numa metade da tigela. Depois coloque três pedaços de carvão no lado do mel e três no lado do azeite de dendê. Parta a cebola em quatro gomos e arrume no meio da tigela, colocando o sétimo pedaço de carvão no meio dos gomos da cebola. Pegue três moedas e entremeie com as pedras de carvão no lado do mel. Entremeie as outras três no lado do azeite. Escreva o nome da pessoa no papel e coloque sobre a pedra de carvão que está na cebola. Pegue a sétima moeda e coloque sobre o nome. Esta oferenda deve ser entregue numa pedra, de preferência no alto de um morro, e os pedidos devem ser dirigidos para Exu Lalu.

Oferenda para separar duas pessoas

7 ovos brancos de pata ou de galinha
1 vidro pequeno de azeite de dendê

7 pimentas pequenas
1 alguidar médio
7 pedaços pequenos de papel
Lápis

Faça com cuidado um furo na ponta fina dos ovos e em cada um deles coloque um papel com os nomes das pessoas que pretende separar, que devem ser escritos de forma oposta um ao outro. Em seguida, coloque em cada ovo um pouco de dendê e uma pimenta. Arrume os ovos no alguidar. Cubra com o dendê restante e coloque num lodaçal, num lamaçal, numa lixeira ou no pé de uma árvore seca, preferencialmente pela manhã, num dia de sol quente.

Outra oferenda para separação

1 coco seco
1 vidro pequeno de azeite de dendê
1 tubo de pólvora ou sete pimentas diferentes
   (de preferência em pó)
1 porção de pó de andorinha ou pó de mico
1 alguidar pequeno
1 pedaço de papel
Lápis

Abrir o coco e tirar toda a água, que não será usada na obrigação. Colocar dentro do coco o papel com o nome das pessoas e a pólvora (ou as sete pimentas), juntamente com o pó de mico ou pó de andorinha. Arrumar dentro do alguidar. Colocar num dia de sol quente numa mata.

ATENÇÃO: Deve-se tomar muito cuidado ao manusear pó de mico, pois seu contato direto com a pele pode causar lesões.

Oferenda para separação ou para afastar uma pessoa

7 jilós
Meio litro de água
1 punhado de farinha de mesa (mandioca)
1 cebola
1 vidro pequeno de azeite de dendê
7 pimentas-malaguetas
1 alguidar médio
1 pedaço de papel
Lápis

Cozinhar os jilós na água. Da água que sobrar do cozimento, fazer uma espécie de pirão com a farinha e o azeite de dendê. Colocar o pirão no alguidar e os jilós por cima, um ao lado do outro. Colocar as pimentas entre os jilós e enfeitar com rodelas de cebola. Escrever o nome da pessoa ou das pessoas no papel e enterrar no pirão. Entregar numa encruzilhada de terra.

Oferenda para obter a proteção de Exu nas ruas

7 bananas-d'água (caturras)
1 vidro pequeno de mel ou 1 xícara de açúcar cristal
1 prato branco

Descascar as bananas e fazer um corte ao meio, de ponta a ponta. Fritar em fogo brando com mel ou açúcar. Colocar no prato e cobrir com mel ou açúcar cristal. Colocar no quintal ou, se morar em apartamento, num lugar discreto. Pedir a proteção de Exu.

OGUN

Oferenda para resolver problemas de dinheiro

1 alguidar médio
1 quilo de farinha de mesa (mandioca) crua
1 vidro médio de azeite de dendê
7 inhames
1 vidro médio de mel
1 chave de cera
7 moedas correntes

Cozinhar os inhames e, depois de cozidos, cortar uma "tampa", como se faz com laranjas. Com uma colher, tirar um pouco do miolo do inhame. Misturar a farinha com o dendê e ajeitar no alguidar. Colocar em seguida os sete inhames dentro do alguidar e em cada um adicionar uma moeda e cobrir com mel. No meio do alguidar, colocar a chave de cera. Oferecer a Ogun Xoroquê numa estrada de ferro, próximo aos trilhos, e fazer os pedidos.

Oferenda para prosperidade

1 alguidar médio ou panela de ferro média
1 ou 2 molhos de brócolis
21 folhas de aroeira
1 lata de azeite doce (de oliva)
21 moedas

Refogar o brócolis juntamente com as folhas de aroeira. Depois de pronto, colocar no alguidar ou na panela. Arrumar as moedas por cima e cobrir com azeite doce. Esta é uma oferenda que deve ser "arriada" em casa, de preferência no quintal ou, se for apartamento, em lugar alto na sala. Deixar por três dias. Após, despachar somente a comida numa estrada ou mata. Esta é uma oferenda para pedir a Ogun / Nkossi Mukumbe prosperidade, boa sorte e proteção.

Oferenda para proteção do lar

1 pedaço de 3 palmos de cana-de-açúcar
1 molho de brócolis
Azeite doce
77 folhas de aroeira
7 folhas de folha-da-fortuna
21 moedas
1 alguidar médio ou panela de ferro média

Cortar a cana em três pedaços iguais e descascá-los. Refogar o brócolis junto com as folhas de aroeira e as moedas. Após, colocar o refogado no alguidar ou na panela e colocar os pedaços de cana nos cantos do recipiente. Enfeitar com as folhas de folha-da-fortuna e cobrir com azeite. Colocar a oferenda em lugar arejado por sete dias e depois despachar em rio, mar, lago ou lagoa.

Oferenda para prosperidade, proteção e resolver problemas

1 alguidar médio
3 mangas-espada
Meio quilo de açúcar cristal

Colocar dentro do alguidar o açúcar e as mangas, sem descascar. Levar a oferenda a uma estrada de grande movimento e fazer os pedidos para Ogun.

Oferenda para ter êxito e segurança em uma viagem

1 manga-espada
21 folhas de aroeira
3 folhas de espada-de-ogun (pequenas) ou de folha-da-fortuna
3 moedas
1 quilo de açúcar mascavo
1 alguidar médio

Espalhar o açúcar mascavo no alguidar e colocar a manga no meio. Fazer três pequenos cortes na manga, de forma que possa colocar uma moeda em cada corte. Enfeitar com as folhas de aroeira e as espadas ou folhas-da-fortuna. Entregar pela manhã, bem cedo (ao amanhecer), numa estrada de grande movimento, pedindo para Ogun abrir os caminhos e dar proteção e êxito na viagem.

a comida de cada orixá

Oferenda para Ogun trazer prosperidade e proteção para o lar e defender a família de inimigos

2 molhos de bertalha
250 gramas de camarão
1 cebola picada
Azeite de dendê
1 alguidar médio

Refogar a bertalha com o camarão, cobrindo com azeite de dendê. Após, colocar no alguidar e oferecer a comida dentro de casa. Após vinte e quatro horas, despachar em local de água, como rio, mar etc.

Oferenda para acalmar o lar pela força de Ogun

3 cajás
3 cachos de uva moscatel
1 recipiente branco
1 copo de vinho moscatel (opcional)
1 copo de água com açúcar (opcional)

Colocar as frutas no recipiente e deixar em cima da mesa de jantar. Pode ser acompanhado com os copos de vinho e água adoçada. Deixar as frutas até que comecem a murchar. Despachar no mato. Na entrega da oferenda, pedir para que Ogun traga calma, tranquilidade, paz e harmonia para o lar.

OXOSSI

Oferenda para prosperidade e união da família

1 quilo de amendoim com casca
1 coco
Meio quilo de açúcar cristal
Azeite doce
6 moedas correntes
6 favas-divinas
1 alguidar

Cozinhar o amendoim com o açúcar cristal, juntamente com as moedas e as favas-divinas. Depois de frio, cobrir com azeite doce e oferecer ao pé de uma árvore frondosa, pedindo a Oxossi / Kabila coisas boas, prosperidade e união para a família.

Oferenda para ter boa saúde e resolver problemas

1 tigela branca grande
6 bananas
1 maçã
21 uvas verdes
1 mamão
Meio melão
Meio quilo de milho
1 vela de sete dias

Cozinhar o milho. Depois de frio, picar as bananas, a maçã, o mamão e o melão. Colocar tudo na tigela e misturar as uvas. Oferecer a Oxossi / Kabila em casa e acender a vela, pedindo saúde e paz.

Oferenda para agradar a Oxossi, pedindo abertura de caminhos e para manter a casa bem abastecida

Meia melancia
7 espigas de milho
7 bananas
Meio mamão pequeno
3 cachos de uva verde
1 maçã
Açúcar cristal

Tirar o miolo da melancia e guardar para distribuir entre os familiares. Cozinhar um pouco as espigas de milho. Arrumar, de forma ornamental, as frutas e espigas dentro da melancia e salpicar com o açúcar cristal. Esta oferenda pode ser "arriada" em casa ou oferecida no alto de uma árvore. O resultado é muito bom!

Oferenda para saúde física e financeira

3 molhos de espinafre
1 cebola ralada
Azeite doce
250 gramas de farinha de trigo

Meio litro de leite de vaca
1 alguidar
Um cálice de vinho branco

Refogar o espinafre com azeite doce. Fazer um molho branco com o leite e a farinha. Arrumar o espinafre com o molho no alguidar. Depois de pronto, pode-se oferecer na mata, em casa ou ao pé de uma árvore. Deve-se despejar o vinho branco em volta da oferenda.

Oferenda para conseguir emprego

3 molhos de espinafre
250 gramas de camarão
Um pedaço de gengibre ralado
6 punhados de milho de galinha
Azeite doce
Uma travessa, de preferência de barro
Vinho branco (opcional)

Refogar o espinafre com o camarão e o gengibre. Cozinhar em separado o milho. Depois de frio, misturar o milho aos demais ingredientes e colocar na travessa. Cobrir com azeite doce e — se preferir — também com um pouco de vinho branco. Oferecer numa mata frondosa.

Oferenda para vencer uma grande dificuldade

1 peito inteiro de galinha
16 ovos de codorna
Azeite de dendê
1 flechinha de bambu medindo cerca de 10 centímetros
1 alguidar médio

Cozinhar o peito de galinha. Cozinhar os ovos. Após descascar os ovinhos, colocar o peito de galinha no alguidar e arrumar os ovos em volta. Pegar a flechinha e cravar no meio do peito de galinha. Cobrir com azeite de dendê. Oferecer a Oxossi na entrada de uma mata, ao entardecer, pedindo para que afaste os espíritos malignos e para que Oxossi vença a dificuldade da vida da pessoa.

Esta oferenda tem ligação com a vitória de Oxossi sobre as conhecidas Yiami Oxorongás, vencendo, assim uma grande dificuldade. Deve-se arriar esta oferenda suplicando que Oxossi atinja o peito do pássaro e que vença as dificuldades.

OSSÃE

Oferenda para encantar um bom negócio fazendo com que ele dê certo

1 folha grande de mamona
1 pedaço pequeno de fumo de rolo
1 vidro pequeno de mel
1 molho de chicória
1 pedaço de gengibre

Refogar a chicória junto com o gengibre e um pouquinho de mel. Depois de frio, colocar na folha de mamona. Desfiar o fumo de rolo e colocar por cima. Cobrir com o restante do mel. Arriar na mata, pedindo luz e força para Ossãe / Katendê.

Oferenda para unir um casal pelo encantamento de Ossãe

Meio mamão
6 moedas
6 búzios novos
1 vidro pequeno de mel
1 pedaço de papel branco
Lápis

Partir o mamão ao meio e tirar as sementes. Colocar dentro do mamão o papel com os nomes das pessoas escritos. Colocar em seguida as seis moedas e os seis búzios, com a abertura para cima, e cobrir com mel. Arriar no pé de uma grande árvore e pedir a união para Ossãe.

Oferenda para conseguir emprego

7 folhas grandes de alface
1 maçã verde
21 uvas verdes
1 prato branco
1 pedaço de papel branco
Lápis

Colocar as folhas de alface no prato. Abrir uma tampa na maçã verde e enfiar dentro dela o papel com o pedido escrito. Colocar a maçã no meio do prato e arrumar as uvas em volta. Pode-se arriar dentro de casa, por três dias, e despachar na mata. Costuma ser infalível!

Oferenda de Ossãe em conjunto com Oxossi e Orixá Okô para grande prosperidade, saúde e vitória sobre dificuldades

1 travessa grande
3 batatas-inglesas
3 batatas-doces
3 cenouras
3 folhas de couve
3 chuchus
3 rabanetes

1 cebola
Azeite doce
1 cesta em que caiba a travessa

Picar os ingredientes em pedaços grandes e fazer um cozido com pouquinho sal. Depois de pronto, colocar na travessa e cobrir com azeite doce. Para fazer a "arriada" certa, deve-se procurar uma árvore grande, colocar a travessa na cesta e pendurar nessa árvore, pedindo a Ossãe, Oxossi e Orixá Okô tudo de bom. Esta é uma oferenda poderosa!!!

Oferenda para saúde e paz para o lar

Meio quilo de arroz cru
Manjericão fresco
Manjerona fresca
Tomilho fresco
Azeite doce

Cozinhar o arroz com as ervas. Depois de pronto, colocar um pouco de azeite doce. Arriar em casa e despachar no mato após três dias.

a comida de cada orixá

OXUMARÊ

Oferenda para pedir dinheiro e manter o lar em prosperidade e harmonia

1 banana da terra ou são-tomé (das grandes)
1 vidro pequeno de mel
3 flores de monsenhor brancas
14 moedas correntes
1 travessa branca

Descasque a banana e faça um corte ao meio, de ponta a ponta. Tire as pétalas das flores, espalhe sobre a travessa e coloque por cima a banana. Depois, coloque as moedas sobre a banana e cubra com mel. Coloque em um ponto alto da casa (em cima da geladeira, estante etc.) por três dias e depois despache os ingredientes no mato.

Oferenda para acelerar um negócio

2 batatas-doces
1 vidro pequeno de mel
6 moedas correntes
1 prato branco
1 vela de sete dias branca

Após cozinhar as batatas, amasse e misture com mel. Em seguida, molde a mistura no formato de sua mão direita dentro do prato. Coloque uma moeda na ponta de cada dedo e a sexta na palma da mão esculpida em batata-doce. Coloque num ponto alto da casa e acenda a vela, fazendo seus pedidos para que Oxumarê / Angorô resolva o negócio pendente.

Oferenda para ganhar uma promoção no emprego

1 melão
28 moedas correntes
2 ovos de galinha
2 pedaços de papel
Lápis

Corte o melão no meio certo. Tire todas as sementes. Em cada metade do melão, coloque 14 moedas e quebre um ovo, de forma que não quebre a gema, sobre as moedas. Por cima do ovo, coloque um dos papéis com o nome da empresa em que trabalha. Deixe em casa uma metade do melão por três dias e depois despache na água (rio, lago ou lagoa). Coloque a outra metade ao pé de uma árvore frondosa. Costuma dar certo em tempo recorde.

Oferenda para fazer boas provas

14 ovos de galinha
14 flores de monsenhor
Azeite doce
1 tigela branca
1 pedaço de papel
Lápis

Tire as pétalas das flores de monsenhor e coloque na tigela. Escreva seu nome no papel e misture-o com as pétalas. Ajeite os 14 ovos por cima. Cubra tudo com azeite doce e deixe em casa por três dias. Depois, despache os ingredientes na mata, quebrando ovo por ovo. Detalhe: se não estudar e se dedicar, o orixá não vai atender seu pedido...

Oferenda para ganhar clientes e incrementar seu negócio

6 frutas à sua escolha
1 cesto

Colocar as frutas no cesto e mantê-lo no ponto mais alto de sua casa por cinco dias. Fazer todos os pedidos de prosperidade e desenvolvimento profissional diariamente. No último dia, levar as frutas, dentro de um saco, que pode ser de plástico, a um lugar onde tenha mata ou, pelo menos, uma grande árvore. Agradecer antecipadamente a Oxumarê pelo aumento de clientes. Este trabalho deve ser feito sempre em lua crescente, em dia de sol.

OBALUAÊ

Oferenda para pedir saúde para a família

2 cocos secos
1 vidro pequeno de mel
1 vela de sete dias branca
1 alguidar
1 pedaço de papel branco
Lápis
1 copo com água

Escreva a lápis, no papel, o nome de todos da família e coloque no fundo do alguidar. Corte os cocos em fatias e ajeite tudo dentro do alguidar. Cubra com mel, fazendo seus pedidos, e acenda a vela, colocando a obrigação em lugar discreto da casa. Coloque também, ao lado, o copo com água. Depois de três dias, despache no mato.

Oferenda para trazer saúde a pessoa hospitalizada ou que se encontre doente em casa

7 folhas grandes de mamona
1 quilo de farinha de mesa crua
7 pedaços de barbante virgem, medindo um palmo cada um
Água
Azeite doce
Azeite de dendê
Mel

a comida de cada orixá

7 pipocas
3 moedas
3 búzios

Em cada folha de mamona, você irá colocar um pouco de farinha com as seguintes misturas: uma folha com água pura; outra com um pouco de azeite de dendê; outra com azeite doce; a próxima com mel; outra com as pipocas; outra com as moedas; e a última com os búzios. Amarre cada uma das folhas com um pedaço de barbante, como se fosse um saquinho. Se puder, coloque no cruzeiro de um cemitério ou, alternativamente, na porta de uma igreja, fazendo os pedidos de pronto restabelecimento da pessoa enferma.

Importante: caso haja possibilidade, passe as sete folhas de mamona, já embrulhadas em formato de saquinhos, simbolicamente, na pessoa doente, antes de entregar a obrigação. Caso não tenha tal oportunidade, firme o pensamento e diga o nome da pessoa em voz alta no ato da entrega da oferenda.

Oferenda para Obaluaê livrar a casa de espíritos perturbadores

2 alguidares médios
1 pacote de algodão
1 vidro de azeite de dendê
1 pacote de milho de pipoca
7 punhados de açúcar cristal

Faça sete rolinhos de algodão e coloque em um dos alguidares. Coloque, em cada rolinho, um pouco de azeite de dendê e ateie fogo. Faça com isso uma espécie de defumador por toda a casa, dos fundos para a frente. Estoure as pipocas, coloque no outro alguidar e jogue o açúcar por cima, oferecendo a Obaluaê / Kaviungo, pedindo proteção e saúde para seu lar e seus familiares.

Oferenda para quebrar mau-olhado e livrar a pessoa de inveja

7 bananas-prata
1 vidro de mel
7 moedas correntes ou antigas
1 travessa de barro

Fritar as bananas descascadas e inteiras. Colocar as sete bananas na travessa. Colocar em cada banana uma moeda. Esquentar o mel e cobrir as bananas com o mel quente. Entregar a obrigação numa estrada de terra.

Oferenda para abrandar e curar problemas de pele

1 pacote de milho de pipoca
1 alguidar médio
1 vela comum

Estourar as pipocas. Quando estiverem frias, passar pelo corpo e colocar tudo no alguidar. Acender a vela, passar simbolicamente pelo corpo e colocar a vela acesa no meio do alguidar com as pipocas. Deixar queimar e despachar tudo em água, como rio ou mar.

XANGÔ

Oferenda para vencer um caso na justiça

1 a 2 quilos de rabada
1 molho de agrião
1 pedaço de gengibre
Sal
1 vidro de azeite de dendê
1 gamela de madeira
1 pedaço de papel (opcional)
Lápis (opcional)

Cozinhar a rabada com o agrião, com um pouco de sal e gengibre ralado. Depois de pronto, colocar na gamela de madeira e oferecer a Xangô. Se quiser, coloque junto o papel com informações sobre a questão judicial, como: nome das partes, número do processo, entre outras. Despachar após 24 horas num morro, de preferência em cima de uma pedra.

Outra oferenda para vencer casos judiciais

1 manga tipo coração-de-boi (das grandes)
12 moedas correntes ou antigas
1 folha de mamona grande
1 garrafa de cerveja preta

Faça 12 talhos na manga, de forma que possa colocar metade de cada moeda enterrada na polpa. Coloque a fruta em cima da folha de mamona e entregue numa pedra no alto de um morro. Leve a cerveja preta e despeje em volta da obrigação. Faça seus pedidos durante a entrega.

Oferenda para resolver problemas financeiros

12 quiabos
1 vidro pequeno de mel
1 prato branco médio

Numa quarta-feira, às 18 horas, em lua crescente, picar os doze quiabos no prato e depois, com as duas mãos, esmagar o quiabo junto com mel, fazendo os pedidos para Xangô / Nzaze Loango, para que traga prosperidade e solução para os problemas financeiros. Colocar o prato debaixo da cama. Nessa noite, a pessoa deve abster-se de fazer sexo. No dia seguinte, despachar num jardim. É uma oferenda simples, mas que traz grandes e bons resultados.

Outra oferenda para resolver problemas de ordem financeira

1 pacote de creme de arroz
21 quiabos
Azeite de dendê
12 moedas antigas
1 gamela de madeira
1 chave de cera

Fazer um mingau com o creme de arroz e colocar na gamela. Simultaneamente, aferventar os quiabos. Colocar os 21 quiabos arrumados na gamela e mergulhar as moedas no mingau. No meio da gamela, colocar a chave de cera. Oferecer a Xangô ainda quente e despachar no dia seguinte em água.

Oferenda para manter a harmonia do lar

1 melão
12 búzios
6 punhados de canjica branca crua

Cortar o melão ao meio e tirar toda a semente. Cortar uma das metades e distribuir pela família. Cozinhar a canjica e colocar na metade reservada do melão. Arrumar sobre a canjica os búzios com a abertura para cima. Deixar em casa por no mínimo três dias. Antes de despachar, retirar os búzios e guardá-los dentro de um saco de pano, dentro de um armário ou gaveta. Pode repetir a oferenda, seis meses depois, com os mesmos búzios, e assim por diante.

Oferenda para conseguir um bom emprego

12 quiabos
Açúcar cristal
12 moedas correntes
6 punhados de canjica branca crua
1 prato branco médio
1 pedaço de papel
Lápis

Cozinhar a canjica. Depois de fria, juntar os quiabos cortados em rodelas, misturar açúcar e amassar com as mãos, juntamente com as moedas. Neste ato, fazer pedidos para conseguir um bom emprego. Depois disso, arrumar no prato, colocando seu nome, escrito no papel, no meio da oferenda. Em geral, o emprego vem...

Outra oferenda para conseguir emprego

1 mamão
12 moedas antigas ou correntes
1 vidro de mel
1 tigela branca
1 pedaço de papel
Lápis

Picar o mamão. Escrever seu nome e seu pedido no papel e colocar no fundo da tigela, colocando o mamão picado por cima. Colocar as moedas arrumadas por cima e cobrir com mel. Deixar por 24 horas e despachar num jardim.

YANSÃ

Oferenda para viver uma paixão

9 mangas-carlotinhas
9 rosas vermelhas
1 vidro de mel
1 tigela branca

Tirar a casca das mangas. Desmanchar as rosas e colocar as pétalas na tigela, colocando em seguida as mangas arrumadas por cima. Cobrir com mel e pedir, com fé, a proteção de Oyá / Yansã, e que ela traga uma grande paixão. Entregar tudo na mata. Essa é infalível!

Outra oferenda para viver uma grande paixão

1 tigela branca
9 rosas vermelhas
Meio quilo de canjica vermelha
3 mangas-carlotinhas

Despetalar as rosas. Cozinhar a canjica vermelha. Depois de fria, colocar um pouco de pétalas no fundo da tigela, despejar a canjica e, depois, mais pétalas. Por cima de tudo, picar as mangas e enfeitar a comida. Esta oferenda pode ser colocada dentro de casa e levada 24 horas depois para uma mata, sempre pedindo para Oyá trazer uma grande paixão.

Oferenda para Yansã afastar espíritos perturbados

1 travessa de barro
1 quilo de canjica branca
100 gramas de camarão seco
1 molho de manjerona
1 vidro médio de azeite de dendê

Cozinhar a canjica e o camarão. Pode ser junto ou separado. Depois de tudo pronto, ajeitar na travessa de barro e cobrir com dendê. Tirar as folhas de manjerona e espalhar por cima e em volta da comida. Arriar a oferenda na mata e pedir para afastar espíritos perturbados de sua casa e/ou local de trabalho.

Oferenda para agradar Yansã / Matamba

1 maçã bem vermelha
3 rosas-chá
9 moedas cor de cobre (de cinco centavos)
Mel
1 folha de mamona

Despetalar as rosas e colocar na folha de mamona. No meio da folha, colocar a maçã e, em volta, as moedas. Cobrir com um pouco de mel. Fazer uma prece pedindo ajuda, proteção, harmonia, tranquilidade e prosperidade. Deixar em casa por três dias e depois despachar num jardim.

Agrado a Yansã / Matamba para ser feliz no emprego ou nos estudos

100 gramas de camarão seco
Meio quilo de feijão-fradinho
Azeite de dendê
1 tigela ou prato branco

Cozinhar o feijão-fradinho e, depois de pronto, amassá-lo, formando uma pasta. Cozinhar o camarão e depois misturá-lo ao feijão-fradinho, junto com dendê, fazendo um bolo. Arrumar este bolo no prato e oferecer a Yansã / Matamba, com seus pedidos. Deve ser levado a uma mata ou pedra grande.

LOGUN-EDÉ

Oferenda para Logun para aumentar o círculo de amizades

1 alguidar médio
1 quilo de milho de galinha
1 cacho de uva verde
1 laranja-lima

Cozinhar o milho. Depois de frio, colocar no alguidar. Cortar a laranja em rodelas e arrumar por cima do milho. Depois, colocar o cacho de uva verde e oferecer numa mata fechada.

Outra oferenda para fazer e manter amigos

6 carambolas
2 cachos de uva verde
Meio quilo de açúcar cristal
3 flores de monsenhor brancas
1 travessa de barro ou louça

Tire as uvas do cacho e espalhe pela travessa. Desmanche os monsenhores e espalhe as pétalas pela travessa. Coloque as carambolas, despeje o açúcar por cima e faça a "arriada" numa mata, com seus pedidos.

Oferenda para os filhos adolescentes terem gosto pelos estudos e estarem unidos à família

1 quilo de milho de galinha
6 ovos de galinha
Açúcar cristal
6 búzios
6 moedas correntes
1 alguidar médio

Cozinhar o milho e os ovos, em separado. Depois de frios, colocar o milho no alguidar e descascar os ovos, ajeitando-os por cima. Com o açúcar, fazer uma espécie de caramelo, ou seja, esquentar o açúcar até derreter. Cobrir a comida com ele, colocando em seguida os búzios e as moedas. Pode ser colocado em casa por 24 horas e depois despachado num jardim ou mata.

Esta oferenda tem o objetivo de manter os filhos adolescentes calmos, mais concentrados no estudo e mais dedicados à família. Logun-Edé, que é filho de Oxossi e Oxum, tem o poder de unir os filhos à família. Essa oferenda sempre dá um bom resultado.

Agrado para Logun / Tere-Kompenso para trazer alegria e prosperidade

6 frutas à sua escolha
Açúcar cristal
1 folha grande de mamona

Fazer uma espécie de salada de frutas coberta com bastante açúcar cristal e oferecer, na folha de mamona, numa mata fechada, pedindo alegria e prosperidade.

Oferenda para unir dois irmãos que brigam muito

6 folhas de alface bem grandes
1 cacho de uva verde
1 cacho de uva moscatel
1 mamão pequeno
2 búzios
Açúcar cristal
1 prato de louça branco
2 pedaços de papel
Lápis

Colocar as folhas de alface arrumadas no prato. Tirar as uvas do chacho e espalhá-las no prato. Depois, partir o mamão em dois, retirar as sementes e arrumar no prato. Em cada metade do mamão colocar um búzio e cobrir com açúcar e com o nome dos irmãos escritos num papel. Oferecer para Logun--Edé, pedindo união entre os irmãos, e deixar em casa por 24 horas. Depois despachar ao entardecer num jardim, de preferência.

Se forem mais de dois irmãos, colocar o número de búzios correspondente ao número de filhos e escrever nos papéis todos os nomes.

OXUM

Oferenda para união de um casal que passa por problemas de relacionamento

5 ovos de galinha
5 punhados de açúcar
1 maçã
1 prato de louça branco
1 pedaço de papel branco
Lápis

Escrever o nome do casal no papel, um nome sobre o outro. Bater os ovos — clara e gema — juntamente com o açúcar, até formar uma calda. Abrir uma tampa na maçã e enfiar o papel. Colocar no prato os ovos batidos. Por cima e no meio do prato, colocar a maçã e cobrir com mel ou açúcar. Tampar a maçã com o pedaço tirado. O melhor é fazer a "arriada" numa cachoeira. Na impossibilidade de fazer isso, deixar em casa, em lugar alto, por um dia e despachar nas águas. Fazer todos os pedidos a Oxum / Kissimbi.

Outra oferenda para união pela força de Oxum

1 ninho de passarinho
1 vidro pequeno de mel
Azeite doce

5 punhados de feijão-fradinho
1 ovo de galinha
1 pedaço de papel branco
Lápis

Escreva o nome das duas pessoas no papel, sendo um nome sobre o outro. Coloque o papel no fundo do ninho. Cozinhe bem o feijão-fradinho, deixe esfriar e coloque dentro do ninho. Pegue o ovo previamente cozido, descasque e coloque no meio do ninho, sobre o feijão-fradinho. Cubra primeiramente com azeite doce e, depois, com mel. Leve até uma árvore e coloque o ninho no ponto mais alto que puder. Tenha certeza do que está fazendo, já que esta oferenda é realmente poderosa e une, de verdade, um casal.

Oferenda para pedir prosperidade para a mãe do ouro, Oxum

5 moedas douradas antigas (ou moedas correntes de 10 centavos)
5 bananas-ouro
1 ovo de galinha
1 vidro de mel
1 prato branco

Amasse as cinco bananas no prato com um garfo. Coloque por cima as moedas dispostas como os pontos cardeais, ou seja, uma no norte do prato, outra no sul, outra no leste e outra no oeste. Coloque a quinta moeda no centro do prato. Quebre o ovo por cima, de forma a não deixar a gema quebrar. Cubra com mel e peça prosperidade. Leve a uma cachoeira ou mantenha em casa por um dia e depois despache nas águas.

a comida de cada orixá

Outra oferenda para prosperidade

5 rosas amarelas
5 peras
5 moedas douradas (10 centavos)
5 punhados de açúcar cristal
1 ovo de galinha
1 tigela branca

Tirar todas as pétalas das cinco rosas e colocar na tigela. Fatiar as cinco peras e colocar por cima das pétalas. Depois, colocar as cinco moedas e quebrar o ovo. Cobrir com os cinco punhados de açúcar e levar para a água doce.

Salada de frutas para prosperidade e união da família

5 rosas amarelas
5 caquis
5 peras
5 bananas-ouro
1 mamão papaia
1 vidro de mel
1 travessa de louça branca

Tire as pétalas das rosas. Pique todas as frutas, fazendo uma salada e misturando as frutas com as pétalas. Quando estiver pronta, coloque na travessa e cubra com mel. Oferende a Oxum / Kissimbi, pedindo paz, harmonia, prosperidade e união. É uma oferenda de grande força, pois agrada muito essa orixá.

Oferenda para conseguir um bom emprego

5 ovos de galinha
1 vidro médio de mel

Esta oferenda deve ser feita exclusivamente numa cachoeira. Escolha uma pedra grande, junto à queda d'água. Com os pés na água, concentre seus pensamentos em Oxum e peça, em voz alta, que ela lhe traga um bom emprego. Repita o pedido cinco vezes, dizendo em voz alta: "Oxum, me traga um bom emprego!" A cada pedido, estoure um ovo na pedra. No final dos cinco ovos, agradeça antecipadamente o trabalho que Oxum vai trazer, derramando mel sobre os ovos estourados na pedra. É um trabalho bem forte!

Obs.: Não deixe vasilhames na cachoeira.

Oferenda para trazer alegria para o lar

5 rosas amarelas
5 punhados de açúcar
1 prato branco

Tire as pétalas das rosas, coloque no prato branco e cubra com o açúcar. Ande por toda a casa com o prato na cabeça, pedindo alegria, felicidade e paz para toda a família. Coloque o prato num lugar alto da casa por cinco dias e depois despache num jardim.

YEMANJÁ

Oferenda para trazer união plena da família pela força da padroeira dos lares, Yemanjá / Kaitumbá

1 quilo de canjica branca
1 vidro de azeite doce
250 gramas de camarão seco
1 obi
9 moedas correntes ou antigas
1 tigela de louça branca

Cozinhar a canjica. Fritar à parte o camarão seco com azeite doce. Ralar o obi. Após fazer tudo isso, misturar a canjica com o camarão e o obi ralado, e acondicionar o preparo na tigela. Colocar as moedas por cima e cobrir com mais azeite doce. A preferência é entregar numa praia, mas pode ser colocado em casa, por quatro dias, e depois despachado nas águas.

Oferenda para prosperidade e união da família

1 melão
250 gramas de canjica crua
9 punhados de açúcar cristal
9 moedas

Corte o melão ao meio e tire todas as sementes, lavando-as e separando-as para uso posterior. Cozinhe a canjica e coloque numa das metades do melão. Enfeite com as moedas e cubra com o açúcar cristal. Esta metade do melão, que leva a canjica e as moedas, deve ser levada e colocada na praia. Na mesma ocasião, jogue as sementes do melão no mar, fazendo seus pedidos. Corte em fatias a outra metade do melão e distribua entre os familiares.

Oferenda para limpeza espiritual da casa

1 cacho de uva verde
9 rosas brancas
1 pouco de açúcar cristal
1 tigela branca
1 vela branca
1 copo com água

Tirar as pétalas das rosas e colocar na tigela branca. Jogar o açúcar cristal por cima e, no meio da tigela, colocar o cacho de uva. Deixar na mesa de jantar por um dia, com a vela acesa e o copo com água, e fazer seus pedidos.

Oferenda para prosperidade e amor

1 corvina fresca
Meio quilo de arroz
1 rosa branca
Azeite doce
1 travessa de louça branca
1 pedaço de gengibre

Cozinhe o arroz, mas não deixe que seque totalmente. Frite o peixe inteiro em azeite doce. Coloque o arroz na tigela e arrume o peixe por cima. Tire as pétalas da rosa e coloque em volta do peixe. Leve tudo à beira do mar e faça seus pedidos para Yemanjá /Kaitumbá.

Oferenda para manter o discernimento e os bons pensamentos, e evitar o esquecimento

Meio quilo de arroz
4 rosas brancas
4 moedas
1 prato branco

Cozinhe o arroz e faça com ele quatro bolos. Tire as pétalas das rosas e coloque no prato juntamente com os bolos de arroz. Em cada bolo, coloque uma moeda. Leve o prato à cabeça e peça para que Yemanjá lhe proporcione boas lembranças e que mantenha a cabeça em paz.

Esta oferenda é boa para quem está às vésperas de provas ou exames.

Oferenda para melhorar seus negócios

1 melão
1 vidro de mel
1 tigela branca

Tire a polpa do melão e corte em pedaços. Coloque na tigela e cubra com mel. Deixe em sua casa comercial por 24 horas e depois despache nas águas ou num jardim.

Oferenda para acalmar filhos pequenos muito agitados

Meio quilo de arroz
1 litro de leite
100 gramas de canela
4 colheres de sopa de açúcar
Um pouco de cravo-da-índia
1 tigela branca

Cozinhar o arroz com um pouco de água, cravo e canela. Quando o arroz estiver quase cozido, adicionar o leite e o açúcar. Colocar tudo na tigela e pedir calma e tranquilidade para as crianças.

Oferenda para harmonizar relações

4 maçãs verdes
1 vidro pequeno de mel
1 tigela

Picar as maçãs com casca e cobrir com mel, dentro da tigela.

NANÃ

Oferenda para trazer saúde

Meio quilo de milho de pipoca
Meio quilo de canjica branca
250 gramas de açúcar mascavo
1 vidro de mel
1 tigela de barro

Cozinhar a canjica. Estourar a pipoca junto com o açúcar mascavo. Colocar a pipoca na tigela e, com a canjica, fazer um círculo nas bordas. Cobrir com mel. O melhor lugar para se fazer a "arriada" é um pântano.

Oferenda para trazer sorte e paz

1 quilo de amendoim
1 vidro de melado
1 rosa-chá
1 tigela branca

Torrar o amendoim e triturá-lo até virar uma paçoca. Misturar o melado, fazendo uma massa, e colocar na tigela. Tirar as pétalas da rosa e cobrir a comida com elas. Entregar num pântano.

Oferenda para prosperidade

1 fruta-de-conde
1 vidro de mel
1 prato médio branco

Abra a fruta-de-conde em quatro. Arrume no prato, cubra com mel e deixe em casa por três dias, pedindo a essa orixá muita prosperidade, harmonia, vida e saúde.

Oferenda para saúde

13 abricós
13 moedas
1 vidro de mel
1 travessa de barro

Abrir ao meio os abricós e arrumar dentro da travessa. Colocar as moedas por cima e cobrir tudo com mel. Deixar em casa por três dias e despachar nas águas. Também pode ser "arriado" num pântano ou lamaçal.

Outra oferenda para saúde e prosperidade

3 bananas-da-terra ou são-tomé
13 folhas de alface crespa
1 quilo de canjica branca
1 vidro de mel
100 gramas de canela em pó
Cravo-da-índia
Azeite doce
1 travessa de barro

Cozinhe bem a canjica e deixe esfriar. Arrume as folhas de alface em torno das bordas da travessa. Depois, coloque a canjica na travessa, bem espalhada. Descasque e corte as bananas em rodelas. Frite numa frigideira com um pouco de azeite doce. Depois de frita, enfeite a canjica com as rodelas de banana, adicionando canela e colocando um cravo em cada rodela. Cubra com mel e entregue numa mata, pedindo a Nanã / Zumbarandá tudo de bom, além de saúde e prosperidade.

Oferenda para ter calma e concentração

5 rosas-chá
100 gramas de açúcar mascavo
1 prato

Despetalar as rosas no prato e misturar com açúcar mascavo. Manter a oferenda dentro de casa por sete dias e despachar num jardim.

KITEMBO

Oferenda para trazer sorte e boas amizades

1 quilo de farinha de mesa crua
1 pote de melado
1 banana-d'água (caturra)
21 moedas
1 garrafa de aguardente
1 alguidar

Junte a farinha com o melado, fazendo uma papa, e ponha no alguidar. Corte a banana descascada ao meio, de uma ponta a outra, formando duas bandas, e ponha sobre a papa. Espalhe as moedas em volta da banana e cubra com mais melado. Abra a garrafa de aguardente e derrame em volta do alguidar. Entregue na mata e faça seus pedidos.

Obrigação para Kitembo trazer bons negócios

3 cachos de uva do tipo moscatel
1 pote de melado
1 flor de monsenhor branca
1 alguidar de barro

Tire as uvas do cacho e coloque no alguidar. Desmanche o monsenhor e jogue as pétalas por cima das uvas. Cubra tudo com o melado e tente colocar a oferenda no alto de uma árvore, nunca esquecendo de fazer seus pedidos com fé e convicção.

a comida de cada orixá

Oferenda para fazer uma boa viagem

3 laranjas-da-terra (azedas)
Meio quilo de canjica vermelha
Mel ou melado
1 obi branco
1 garrafa de aguardente
1 alguidar de barro médio

Cozinhar a canjica vermelha e colocar no alguidar. Em seguida, cortar as laranjas em rodelas, com casca, e espalhar sobre a canjica. Abrir o obi em quatro gomos e colocar no meio. Cobrir com mel ou melado e levar a uma estrada que tenha uma árvore frondosa por perto. Colocar entre a árvore e a estrada. Abrir a cachaça, derramar em volta da obrigação e pedir a Kitembo / Iroko uma boa viagem de ida e de volta.

Oferenda para mudar a sorte, trazendo paz, harmonia, chances de trabalho, novos conhecimentos etc.

1 quilo de canjica vermelha
1 pote de melado
1 obi branco
1 copo de água de chuva
1 metro de morim branco
1 tigela de barro

Cozinhar a canjica. Depois que ela estiver cozida, misturar com o melado e colocar dentro da tigela. Jogar a água de chuva dentro da tigela e colocar o obi inteiro no meio. Amarrar o morim em torno da tigela e colocar no alto de uma árvore. Esta oferenda se faz até às sete horas da manhã.

Fruteiro de Kitembo
para boa sorte, saúde e paz

6 frutas à sua escolha (exceto figo)
Melado
1 tigela de barro
1 metro e meio de morim branco

Picar as frutas e colocar dentro da tigela, cobrindo com o melado. Colocar a tigela no meio do morim aberto e fazer uma espécie de sacola. Pendurar numa árvore, em dia de sexta-feira, em lua crescente e ao anoitecer. Esta oferenda sempre dá bons resultados...

IBEIJI

Todas as oferendas para este orixá / nkisse têm por objetivo acalmar filhos pequenos, trazer paz, harmonia, tranquilidade ao lar, boa sorte, alegria, prosperidade... Entretanto, agrada-se a ele no sentido mais preciso de acalmar e trazer boa saúde para crianças, das quais ele é o patrono e protetor direto.

Caruru de Ibeiji

Meio quilo de quiabo
250 gramas de camarão seco
Azeite doce
1 pedaço de gengibre
1 tigela de louça

Ralar o gengibre. Refogar o quiabo picado com o camarão seco, temperado com azeite doce e gengibre. Arriar em dia de sábado, pela manhã, pedindo força e proteção desse orixá / nkisse.

Oferenda feita com balas e doces

10 pacotes do docinho chamado Delicado
10 pacotes de jujuba colorida
1 pacote de balas
1 garrafa de água mineral sem gás
1 garrafa média de guaraná
1 tigela de louça grande

Colocar todas as balas e doces na tigela e, depois, juntar um pouco da água e toda a garrafa de guaraná. Oferecer num jardim ou numa mata.

Doces de Vunji

1 travessa de louça
12 quindins
12 moedas correntes ou antigas
1 garrafa média de guaraná
6 punhados de açúcar cristal

Arrumar os quindins na travessa. Em cada um deles, colocar uma moeda que pode ser corrente ou antiga. Cobrir com açúcar cristal. Pode-se deixar em casa por dois dias e depois despachar nas águas ou ainda num jardim. Em tempo, abrir o guaraná, que acompanha a oferenda.

Oferenda para Ibeiji / Vunji
trazer tranquilidade pela força de Oxalá

1 quilo de canjica branca
1 vidro médio de mel
1 cacho de uva verde
3 pacotes de jujuba
1 tigela branca
1 garrafa média de guaraná

Cozinhar bem a canjica e misturar com o mel. Colocar a mistura na tigela e por cima colocar o cacho de uva no meio. Enfeitar as bordas da tigela com jujubas. Se quiser, pode colocar um pouquinho de guaraná por cima. Arriar em casa por dois dias e despachar num jardim ou nas águas.

Fruteiro de Vunji

Meio melão
3 laranjas-limas
1 mamão papaia
1 cacho de uva verde
1 cacho de uva moscatel
1 maçã vermelha grande
Meia dúzia de bananas
30 moedas
1 cesto de vime

Arrume todas as frutas no cesto e espalhe, por cima delas, as moedas. Entregue a oferenda de preferência num rio. Na impossibilidade disso, coloque num belo jardim.

Oferenda de agrado para Vunji com a finalidade de trazer saúde para criança enferma

1 quilo de canjica branca
Meio quilo de farinha de mesa crua
1 vidro médio de mel
Meio quilo de açúcar cristal
1 maçã verde
1 garrafa pequena de água mineral com gás
1 garrafa média de guaraná
1 tigela grande de louça branca

1 pedaço de papel branco
Lápis
2 copos
2 velas brancas

Cozinhar a canjica juntamente com o açúcar cristal. Da farinha, fazer dez bolinhos com o mel. Pegar a maçã e cortar nela uma tampa. Escrever o nome da criança no papel. Colocar dentro da maçã e cobrir com mel. Arrumar tudo na tigela. Deixar a oferenda no quarto da criança por dois dias. Ao lado da obrigação, colocar um copo com água mineral e outro com guaraná, e acender as velas para Vunji, pedindo saúde e rápida recuperação. Despachar nas águas.

Bolo das crianças

1 bolo comum feito em casa
1 porção de cobertura para bolo branca
   (creme chantilly, marshmallow, glacê)
12 suspiros coloridos
1 pacote de balas
1 pacote de jujubas
30 moedas (no mínimo)
1 garrafa de guaraná ou água mineral

Faça um bolo comum, decorando com a cobertura branca. Coloque em cima os suspiros coloridos, as balas sem papel, as jujubas e as moedas. Ofereça para Ibeiji / Vunji, pedindo prosperidade. Após seus pedidos, espere alguma horas e distribua o bolo entre os familiares, compartilhando com o orixá as coisas boas. Detalhe: deve ser regado a guaraná ou água, nunca com bebida alcoólica.

Esta oferenda sempre tem bons resultados, visto que o bolo é dado para Vunji / Ibeiji, mas compartilhado entre a família. Se for possível — mas somente se houver tal oportunidade —, ofereça um pedaço — o primeiro pedaço — a uma criança da rua. O resultado é ainda maior e melhor!

OXALÁ

Oferenda para pedir saúde a Oxalá / Lembaranganga

Meio quilo de arroz
3 rosas brancas
1 obi branco
Mel
1 tigela de louça branca

Cozinhe o arroz, deixando-o como uma papa. Coloque na tigela com um pouco de mel. Tire as pétalas das rosas e cubra a comida com elas. Em seguida, rale bem o obi e espalhe sobre as pétalas. Cubra com mel. Esta oferenda pode ficar em casa por três dias e depois ser despachada nas águas.

Oferenda para trazer paz e harmonia para o lar pela força de Oxalá / Lembá

1 pacote de creme de arroz
10 rodelas de pão de sal
1 vidro de mel
1 tigela branca

Fazer um mingau do creme de arroz e colocar na tigela. Após esfriar, colocar as rodelas de pão por cima e cobrir com mel. Esta oferenda é simples, mas bem objetiva...

Fruteiro de Oxoguian / Lembá-Dilê para obter sucesso nos negócios

3 peras
3 maçãs verdes
3 rosas brancas
1 copo de vinho branco doce
Algodão
1 tigela branca

Pique as frutas e tire as pétalas das rosas. Misture tudo na tigela, juntando também o vinho. Depois, cubra com algodão, entregando a obrigação em lugar alto (morro etc.).

Oferenda para Oxoguian ganhar uma causa difícil com a ajuda de Ogun

7 inhames
1 vidro médio de mel
1 obi branco
1 tigela de louça branca

Descascar e cozinhar os inhames. Depois de cozidos, amassar, fazendo uma espécie de purê. Ralar o obi e misturar à massa de inhame. Colocar na tigela e cobrir com mel, oferecendo a comida numa pedra, na subida de um morro.

Oferenda para manter a paz no lar e no trabalho

1 quilo de canjica branca
1 vidro médio de mel
Meio melão
1 copo de água mineral com gás
1 tigela branca
1 vela branca

Cozinhe bem a canjica. Depois que estiver fria, corte o melão em fatias pequenas e misture com a canjica. Coloque a mistura na tigela e jogue a água mineral. Esta oferenda pode ficar dentro de casa por três dias e depois ser despachada nas águas. Sempre acenda uma vela ao lado, fazendo seus pedidos.

Oferenda para trazer bons fluidos para dentro de casa

10 rosas brancas
1 obi branco
1 rodela de pão de sal
1 copo de vinho branco doce
1 copo de água mineral com gás
1 tigela branca
1 vela de sete dias branca
1 defumador ou incenso de alecrim ou lavanda

Num dia de sexta-feira, antes de amanhecer, tirar as pétalas das rosas e misturá-las com o obi ralado. Colocar na tigela com a rodela de pão por cima. Arrumar num lugar alto na casa, de preferência na sala, colocando a água e o vinho ao lado da tigela. Acender a vela e o defumador. Despachar num jardim após sete dias.

Oferenda para saúde e paz

Meio quilo de arroz branco
1 pouco de manjericão
Azeite doce
1 tigela branca

Cozinhar o arroz até ficar uma papa. Colocar na tigela, cobrindo com azeite doce. Espalhar folhas de manjericão por cima e fazer seus pedidos com muita fé e convicção. Despachar após três dias.

Oferenda para prosperidade

1 quilo de farinha de akassá (canjica em forma de farinha)
Água com açúcar
1 vidro de mel
Manjericão
10 moedas
1 tigela ou travessa branca

Fazer o mingau de akassá com a água adoçada. Colocar na tigela ou travessa. Por cima, colocar as moedas e as folhas de manjericão.

Oferenda para se ter concentração, principalmente para quem está se preparando para um concurso, uma palestra etc.

1 vela de sete dias branca
Amido de milho (maisena)
10 rodelas de pão
1 prato branco ou tigela branca

Fazer um mingau de maisena, bem consistente, esperar esfriar e colocar no prato ou tigela. Colocar as rodelas de pão por cima e pingar um pouquinho de água em cada rodela. Acender a vela e fazer seus pedidos.

os temperos

Os temperos usados nas obrigações de santo, bem como nas mesas, são os já tradicionalmente conhecidos: mel, açúcar cristal, azeite doce, azeite de dendê, cebola, alho, pimenta, gengibre, orégano, cominho, salsa, cebolinha e tomilho, entre outros.

Deve-se levar em conta que as receitas apresentadas podem ser reforçadas com flores, frutas, folhas, verduras e legumes, além de cereais.

Nada impede que se unam ingredientes da preferência deste ou daquele orixá e se faça uma oferenda a gosto.

Sabendo manusear e utilizar os ingredientes, tendo vontade, boa energia, respeito e fé, podemos inclusive criar iguarias que irão deixar felizes nossos santos, com certeza...

Além disso, existe a magia dos encantamentos quando se prepara uma oferenda ao orixá. Diria que se trata de um tempero mágico, usado pelas boas cozinheiras de santo: as palavras!

Não se faz, simplesmente, uma comida para o santo. É preciso usar o tempero mágico das palavras, ou seja, durante o preparo, é necessário que se repitam palavras de força, criando uma energia especial para aquele momento.

Quando se faz uma oferenda, seu executor ou executora deve pronunciar palavras positivas, do tipo: "O orixá vai se agradar do presente!" ou "Esta oferenda vai nos trazer muita saúde (dinheiro, paz, energia, tranquilidade)... Logo, logo o orixá resolverá nossos problemas!" Ou seja, coisas desse tipo, que irão gerar, em torno de si, uma grande e poderosa massa energética, que irá "encantar" a oferenda, antes mesmo de estar pronta.

As grandes yabassés (cozinheiras de santo) têm a tradição de "encantar" seus quitutes...

Mesmo nos restaurantes mais famosos, cujas cozinheiras são yabassés, zeladoras de santo ou simplesmente adeptas do Candomblé, esta prática do "encantamento" é muito utilizada.

Sempre que estão preparando as iguarias para oferecer ao povo que vai almoçar ou jantar, as grandes cozinheiras — diga-se as baianas, principalmente —, abrindo os braços e de olhos fechados, sempre repetem: "Esta é a comida dos deuses... Todos vão comer com muito prazer e alegria... E esta refeição irá fazer muito bem a todos, trazendo paz, energia, felicidade e sorte!"

Invariavelmente, esses restaurantes estão sempre cheios e prosperam. É o toque mágico, o tempero mágico que agrega uma energia muito positiva, fazendo com que tudo dê certo.

Também em casa, quando se prepara o almoço ou jantar da família, pode-se usar esse tempero, energizando a refeição com boas palavras. E o resultado, pode acreditar, será incrível, pois todos comem com muito prazer e alegria, e a comida sempre faz bem.

Da mesma forma como colocamos esse tempero mágico na refeição das pessoas, podemos colocá-lo nas oferendas que estamos preparando, seja ela pequena ou grande, simples ou complexa.

os temperos

O orixá será "encantado" antes mesmo de a oferenda estar pronta e "arriada", pois ela estará carregada de bons fluidos, de boa energia e de palavras de otimismo, crença, fé, respeito, esperança e, acima de tudo, confiança.

Fazer por fazer, de nada adianta...
Oferendar de mau humor não dará resultado.
A Natureza é criação de Deus e é protegida pelos orixás. Tiramos da Natureza para criar essências com a finalidade de agradar para sermos agradados. E toda essa mecânica deve ser feita com alegria, entusiasmo, felicidade e confiança.

Este é o "afexó", ou seja, o toque de magia, para que a oferenda se torne mágica e atinja, de fato, seus objetivos.

Quem come com quem?

Nas casas de santo, normalmente se arria a mesa dos orixás, seja no ronkó (quarto secreto dos orixás), seja no barracão. É uma prática muito comum, que antecede obrigações de feitura, festividades e outras atividades das Casas de Candomblé.

Particularmente, pelas naturais incompatibilidades, alguns orixás não comem junto com outros e isso deve ser observado na hora de se fazer oferendas, pois pode-se ocasionar uma reação contrária daquela objetivada.

Sabemos que Exu não come com ninguém. Ele é o primeiro a ser agradado, mas não faz parte da mesa dos demais orixás. Por sua vez, Ogun, pela natural desavença com Nanã, não come junto com esta e vice-versa. Também Xangô não come perto de Obaluaê (Omolu).

Estas são particularidades milenares que existem e que já chegaram ao Brasil através dos escravos, que trouxeram a religião dos orixás para este país. Assim, há de se respeitar as tradições...

Por outro lado, algumas oferendas para orixás diferentes tendem a reforçar o presente quando arriadas juntas.

Com motivações diferenciadas e variadas, podemos chegar a um objetivo mais rapidamente e com maior força, quando oferendamos mais de um santo e quando colocamos alguns deles para comer juntos.

Obviamente, devemos respeitar a fórmula, o método para tais arriadas, devendo ser sempre em local de pouco ou nenhum acesso das pessoas, quando forem feitas em casa.

Também é imprescindível a toalha branca no chão, a vela de sete dias branca e a quartinha de louça ou barro (dependendo do orixá ou orixás que acompanham a mesa).

AS MELHORES COMBINAÇÕES

Os objetivos são variados. Variadas também as combinações de oferendas, uma para cada meta a ser alcançada ou suplicada. Senão vejamos:

Para a união de irmãos que brigam muito

Mesa Para Ogun e Oxossi, complementando-se com Oxalá.

Para manter a família unida

Mesa para Oxossi, Oxum e Logun-Edé, complementando-se com Oxalá.

Para manter a paz dentro de casa

Mesa para Yemanjá e Oxalá.

Para saúde e recuperação de pessoa doente

Mesa para Obaluaê, Nanã, Oxumarê, Ossãe e Ewá, complementando-se com Oxalá.

Para questões de justiça que envolvam dinheiro

Mesa para Xangô, Oxumarê e Yansã.

Para acalmar crianças e mantê-las com saúde

Mesa para Ibeiji e Xangô (pode-se complementar com Oxalá).

Para a união de mãe e filho(a)

Mesa de Oxum e Logun-Edé ou, alternativamente, Yemanjá com Oxoguiã.

Para a união de pai e filho(a)

Mesa de Oxossi e Logun-Edé ou, alternativamente, Oxossi e Oxum.

Para a união de um casal

Mesa para Oxossi e Oxum ou, alternativamente, Xangô e Yansã. Mas atentem: mesa para Xangô e Yansã envolve sempre muita paixão. A primeira alternativa é mais branda e recomendável.

Para resolver problemas de dinheiro

Mesa para Oxumarê e Oxum.

Para recuperação de pessoas idosas

Mesa de Oxalá e Nanã, complementando-se com Obaluaê.

Para vencer uma demanda

Mesa de Ogun e Exu. Detalhe: esta oferenda será sempre arriada na estrada, sem a necessidade de toalha branca ou vela de sete dias, bem como de quartinha.

Para prosperidade

Mesa de Oxossi com Orixá Okô. Diga-se: Orixá Okô é considerado o Pai da Lavoura. Seu culto não chegou totalmente no Brasil. Em nossa terra, a agricultura foi dada a Oxossi, seu patrono. Entretanto, a oferenda dada para Oxossi e Orixá Okô, em conjunto, tem o objetivo de prosperar.

Para a união de duas irmãs

Mesa para Oxum e Yemanjá, complementando-se com Oxalá.

Para o bom resultado de uma intervenção cirúrgica

Mesa para Oxalá, Obaluaê e Ossãe.

Para gerar filhos

Mesa para Oxum, Ibeiji e Oxalá.

Para conseguir um bom emprego

Mesa para Xangô e Oxalá.

Para fazer uma viagem segura

Mesa para Ogun e Oxalá.

Para aprimorar a espiritualidade

Mesa para Oxalá e Ossãe.

Para manter a harmonia dentro de casa ou no trabalho

Mesa para Oxalá e Yemanjá.

Para vencer uma disputa de negócios

Mesa para Ogun e Oxumarê.

Para conseguir novos clientes, no caso de profissionais liberais, empresários etc.

Mesa para Ogun e Ossãe.

Para resolver questões relativas à venda de imóveis

Mesa para Xangô e Yemanjá.

Para fazer uma pessoa ficar mais ativa na busca de um trabalho

Mesa para Ogun e Oxossi. Fazer agrado para Exu na rua.

Para se criar mais sensibilidade para encantamentos através de rezas e oferendas

Mesa para Oxum e Ossãe.

Método para organizar uma mesa de santo

Para se fazer uma mesa de santo, é necessário, como já se disse, escolher um lugar de pouco acesso, onde as oferendas possam ser arriadas com tranquilidade e onde haja privacidade, caso seja feita dentro de casa.

Escolhido o lugar, deve-se arrumar uma boa toalha branca para ser colocada no chão. De preferência, a toalha deve ser estendida por cima de uma esteira (*deciza*).

Para compor a mesa, uma ou duas velas de sete dias de cor branca, Defumador Espiritual ou incenso e quartinha de louça branca ou de barro.

ORIXÁS QUE USAM QUARTINHA DE BARRO: Ogun, Oxossi, Ossãe, Oxumarê, Obaluaê, Yansã, Nanã e Kitembo.

ORIXÁS QUE USAM QUARTINHA DE LOUÇA BRANCA: Xangô, Oxum, Yemanjá, Logun-Edé, Ibeiji e Oxalá.

Quando houver a combinação de orixás que usam quartinha de louça e de barro, pode ser usada somente a de louça branca ou mesmo as duas.

Quanto aos incensos, podem ser de canela, rosa, lavanda, alfazema e alecrim.

Na mesa, pode ser colocado um jarro de flores e estas devem ser sempre brancas, como palmas, rosas, monsenhor, entre outras. Este é um complemento de muito bom gosto, que não só embeleza, mas dá força à oferenda.

O mais importante é fazer tudo com muito bom gosto, alegria e confiança. Reunindo todos esses elementos, sua mesa não só ficará bonita, como terá um excelente resultado. Pode acreditar!

A MESA PARA OFERENDAS DE RUA

Quando se fazem oferendas na rua, devem-se observar alguns critérios importantes. Não colocamos simplesmente o trabalho. É preciso tomar certos cuidados com o gosto e com a proteção da Natureza.

Cada orixá gosta de um tipo de lugar da Natureza. É o seu lugar de "encanto", seu lugar de regência. Assim, escolhido o lugar mais propício para o tipo de trabalho a ser feito, devem-se observar os recipientes onde vão acondicionadas as comidas de santo.

Na falta de folha de mamona, pode-se arriar a oferenda num prato de papelão, principalmente se os trabalhos forem feitos em cachoeiras, mares, rios, matas e pedreiras. O papelão é facilmente absorvido pela Natureza e não a agride.

Nada de deixar garrafas e outros objetos cortantes, pois devemos lembrar que não só a Natureza deve ser preservada, mas a integridade física de outras pessoas também.

Nos casos de oferendas em matas, é preciso tomar um sério cuidado com velas, pois podem ocasionar um incêndio. Se isso acontecer, você estará criando um contra-axé, ou seja, estará destruindo a morada de um orixá. E isso não é nada bom, concorda?

De toda forma, as oferendas de rua deverão obedecer a tais critérios e cuidados, pois, se a pessoa se propõe a fazer um trabalho para agradar seu orixá e conseguir um objetivo, deve procurar fazer tudo seguindo métodos que não agridam a Natureza e outras pessoas, assim como levar em conta a compatibilidade entre o orixá e o local escolhido. Cada santo tem sua preferência, sua regência. Sabendo disso, o local torna-se muito importante para um afexó em grande estilo.

Em alguns casos e determinadas combinações, aquele orixá poderá ser oferendado na regência de outro, compatível, é claro.

OS LOCAIS DE REGÊNCIA E PREFERÊNCIA DE CADA ORIXÁ

EXU – Encruzilhada, estrada de terra ou porta de cemitério, dependendo da situação e do tipo de oferenda.

OGUN – Estrada de grande movimento, estrada de terra, mata.

OXOSSI – Mata, lavoura.

OSSÃE – Mata.

OXUMARÊ – Mata. Também em cima de árvore.

OBALUAÊ – No pé de árvore ou em cemitério, dependendo da situação.

XANGÔ – Pedreira.

YANSÃ – Mata, pedra.

LOGUN-EDÉ – Rio, mata e cachoeira.

OXUM – Cachoeira.

YEMANJÁ – Mar, lago e lagoa.
NANÃ – Lagoa e pântano.
IROKO / KITEMBO – No pé de árvore frondosa.
IBEIJI – Mata, cachoeira, jardim.
OXALÁ – Mata ou porta de igreja, dependendo da situação, do tipo e objetivo da oferenda.

O QUE NÃO COMBINA, O QUE É INCOMPATÍVEL

OGUN – Receber oferenda no pântano.
OXALÁ – Receber oferenda no cemitério.
XANGÔ – Receber oferenda no pântano ou no cemitério.
IBEIJI – Receber oferenda no cemitério.
OXUM – Receber oferenda no pântano, estrada ou no cemitério.
NANÃ – Receber oferenda na estrada.
EXU – Receber oferenda na porta de igreja.
OBALUAÊ – Receber oferenda na cachoeira.
OSSÃE – Receber oferenda no mar.
YANSÃ – Receber oferenda no mar.
OXOSSI – Receber oferenda no cemitério.
LOGUN-EDÉ – Receber oferenda no cemitério.
IROKO ou KITEMBO – Receber oferenda no mar.
OXUMARÊ – Receber oferenda na estrada.

As oferendas para os encantados

Naturalmente, chamamos encantados os pretos-velhos, os caboclos de pena e os boiadeiros.

Nas nações de keto, ewefon (conhecida como jeje) e ijexá, entre outras, os encantados, muitas vezes, não são cultuados nem tratados.

O angola, por sua vez, costuma cultuar, tratar, reverenciar e assentar encantados, pois nesta nação essa é uma prática muito comum, assim como o é na Umbanda e no Omolocô.

Pretos-velhos

Quanto a questões de oferendas a este segmento, devemos saber, primeiramente, que os pretos-velhos têm origem nas senzalas. São aqueles sofridos escravos bem idosos, na maioria das vezes, conselheiros, orientadores dos mais novos.

Para eles, as oferendas mais comuns são o mingau de farinha de mesa com azeite, mas pode-se variar.

Para os pretos-velhos, ou se se preferir, para as almas, fazemos oferendas com o objetivo de pedir paz, tranquilidade, harmonia, discernimento, união. A eles podemos oferendar:

mingau de farinha de mesa com rodelas de pão;
farinha de mesa misturada com melado;
mingau de creme de arroz com peito de frango;
paçoca de amendoim com melado;
bolo de fubá com mel;
bebidas: vinho tinto, licor de jamelão e café sem açúcar.

Caboclos

Os caboclos de pena são os caciques de tribos das nações tupi, guarani, tapuia e aimoré, entre outras. São também grandes conselheiros e têm a finalidade de dar equilíbrio, calma e proteção para as casas. Seu patrono é Oxossi.

Por sua vez, os caboclos boiadeiros são aqueles que lidam com as coisas da rua, ligadas a negócios, viagens, trabalhos etc. São regidos por Yansã, sua grande madrinha.

Para a linha de caboclos, as oferendas mais apreciadas são:

frutas com mel;
mandioca cozida com melado;
pamonha enrolada em casca de banana;
legumes cozidos;
mingau de fubá com mel ou melado;
peixe de rio assado e colocado em folha de bananeira;
espigas de milho cozidas com sal;
bebidas: vinho tinto moscatel e aguardente.

as oferendas para os encantados

Os locais preferidos para se arriar oferendas para os encantados são:

PRETOS-VELHOS – Nos cruzeiros e porta de igrejas.

CABOCLOS DE PENA – Nas matas, cachoeiras, praias e pedreiras.

CABOCLOS BOIADEIROS – Nas estradas de terra, porteiras de fazendas e matas.

saudações simples para se arriar uma oferenda

Para as pessoas leigas, não iniciadas, sempre fica mais difícil saber como saudar o orixá ou o encantado e poucos sabem que a saudação aproxima a divindade que irá receber o "presente". Da mesma forma, qualquer tipo de oferenda deve ser dada usando as palavras, as saudações, as quais podemos definir como encantamentos.

Enquanto perdurar o silêncio, não haverá encantamento e, se não houver encantamento, a oferenda não terá eficácia, de forma nenhuma. Assim, é preciso usar as palavras certas para que a oferenda faça gerar uma boa energia, que dará o toque de encantamento, com todas as possibilidades de êxito.

Pode-se, por exemplo, unir as saudações ao orixá ou ao encantado, finalizando a frase com seus pedidos. Desta forma:

Orixás

EXU – Laróyê Exu! Abra os caminhos, leve meus pedidos aos orixás, me dê a sorte, o caminho aberto!

OGUN – Ogunhê! Guarde meu corpo e meu sangue... Vença minhas dificuldades!

OXOSSI – Bosi Arê... Okê Arô! Traga a fartura, seja o provedor da minha casa!

OSSÃE – Ewé Ossãe! Me dê o encanto e a solução dos meus problemas!

OXUMARÊ – Arroboboi, Oxumarê! Faça minha vida próspera!

OBALUAÊ – Atotô! Senhor das doenças, traga a cura!

XANGÔ – Kaô Kabiecile! Faça justiça!

YANSÃ – Epa hei, Oyá! Que teus ventos tragam a sorte, a riqueza e boas novas!

LOGUN-EDÉ – Lossi, Lossi! Transforme a tristeza em alegria!

OXUM – Ora Ye Ye ô, Oxum! Nos dê a paz, o amor, a tranquilidade e a prosperidade!

YEMANJÁ – Eru Yá... Odo Yá! Que meu lar seja abençoado!

OBÁ – Obá Ixi! Traga a força, a vitalidade, mãe!

EWÁ – Iró! Senhora das mutações, traga boas mudanças para minha vida!

NANÃ – Salúba Nanã! Traga a vida, a sabedoria, a tranquilidade!

KITEMBO – Kitembo a lá Kumpadê, Tempoiô! Traga bons tempos, tempos de fartura, de felicidade, de bons acontecimentos!

IBEIJI – Erê sim! Crianças mágicas, me façam viver a alegria, a paz, a prosperidade!

OXALÁ – Epa, Babá! Senhor do branco, Pai dos orixás, nos traga a união, a saúde, a cura, a energia e a paz!

saudações simples para se arriar uma oferenda

Encantados

PRETOS-VELHOS – Adorei as Almas! Meus velhos, Senhores da sabedoria, tragam para a minha vida o discernimento e a paz interior!

CABOCLOS DE PENA – Okê Caboclo! Mestre das matas, traga orientação, proteção e energia!

CABOCLOS BOIADEIROS – Xêto Mahúmba, Xêto... Xêto Lakwêto... Viji, Viji, Novizála, Caboclo! Faça minha vida próspera!

Para se oferendar na rua

Rua propícia, rua de energia, me leve e me traga em harmonia e com proteção e segurança!

É bom que fique bem claro que a saudação a cada orixá ou encantado segue uma tradição que veio da África, e que nada é inventado por nós.

Também é óbvio que as palavras que seguem cada uma das saudações podem ser modificadas, de acordo com cada pessoa, cada objetivo etc.

Falei sobre a questão do encanto, já que ele é imprescindível para a "arriada" de qualquer tipo de oferenda.

Encanto é a mágica que dá forma energética, que faz acontecer, e esse Encanto só acontece através das palavras.

Existe o ditado: "A palavra tem força!"

E tem! Cuidado com o que diz, pois pode acontecer! Maledicências são ouvidas facilmente pelas kiúmbas (espíritos alucinados, sem luz, que aterrorizam, que perturbam e que habitam as ruas e locais considerados pesados, como presídios etc.).

E quando oferendamos nosso orixá ou nosso encantado, encantamos esta oferenda com louvações e palavras de energia boa, com bons pedidos, com otimismo. Com esperança e fé. Desta forma, criamos em torno da oferenda, e de nós mesmos, um campo de força energética que não só desencadeia o encanto, mas cria probabilidades de grande sucesso, de grande êxito para nossas aspirações.

Assim, sempre use boas palavras, mesmo quando não está fazendo uma oferenda, pois as boas palavras geram bons fluidos, boa energia e, consequentemente, boa sorte.

Falar palavras de elogio e de otimismo significa viver bons momentos, alcançar objetivos, gerar felicidade...

De nada adianta falar sempre palavras duras, pessimistas, e na hora da oferenda mudar o "discurso". Seja sempre otimista e suas oferendas serão sempre bem aceitas, e sua vida, com certeza, será sempre e cada vez melhor.

conclusão

Flores, frutas, folhas, cereais, legumes, verduras, tubérculos, temperos naturais. Tudo isso são iguarias que Mãe Natureza nos proporciona, não somente para nossa alimentação e deleite, mas para agradar os nossos orixás, nkises e voduns, de acordo com a nação de santo.

Como se disse antes, a divindade — bem como qualquer encantado e desencarnado, os quais chamamos eguns — alimenta-se da essência, do perfume, do aroma das misturas.

É muito importante que todos tenham a clara noção de que uma oferenda é um agrado, uma forma de criar um laço entre o divino e o material. O ebó é a abertura de um canal de comunicação entre o mundo da matéria e o mundo espiritual.

Na oferenda estão — além dos elementos — todas as aspirações, desejos, esperanças, crenças, anseios e convicções. Dessa forma, a escolha dos ditos elementos são tão importantes — ao nível de qualidade, principalmente — quanto as esperanças que depositamos na oferenda a ser dada.

Unir flores e cereais, folhas e frutas, legumes e temperos, enfim, unir os elementos da lavoura é a forma mais expressiva de se agradar uma divindade, o orixá.

Ter o domínio das misturas, de certa forma, nos dá a força, o poder sagrado de falar ao orixá, de aproximá-lo, de obter favores, bênçãos, soluções para todos os nossos problemas... Só depende da forma, do jeito, da maneira de criar esse elo mágico entre o material e o divino, que pode parecer fácil mas que, na verdade, é cercado de mistérios, nem sempre entendidos pelos não seguidores da religião, bem como por alguns leigos.

É claro que a iniciação na religião fez de nós — iniciados — sacerdotes e sacerdotisas, adoradores da Natureza, mas os abians, ou seja, aqueles não iniciados, têm a possibilidade de criar esse elo mágico, oferendando, primeiramente, nosso carinho, nosso respeito, nossa crença, nosso amor e nossa fé, para depois, então, preparar os quitutes do gosto de cada um dos santos.

Assim, limpe seu corpo pelo banho de ervas; vista branco — se possível —, esvazie sua mente dos problemas e tristezas e vá para a cozinha... Encha seu coração de alegria e fé... Faça suas misturas... Presenteie seu orixá e faça seus pedidos.

E nunca se esqueça: também prendemos o orixá pelo estômago! Axé!!!

Deusa Costa Barcellos
(Dofonitinha D'Oxum)

Bibliografia

BARCELLOS, Mario Cesar. **Aruanda**. Rio de Janeiro: Eco, 1968.

_____. **O livro do exército branco de Oxalá**. Rio de Janeiro: Eco, 1970.

_____. **Jamberessu: as cantigas de angola**. Rio de Janeiro: Pallas, 1998.

_____. **Os orixás e o segredo da vida**. — 4. ed. — Rio de Janeiro: Pallas, 2005.

_____. **Os orixás e a personalidade humana**. — 4. ed. — 2. reimp. — Rio de Janeiro: Pallas, 2007.

Este livro foi impresso em julho de 2010,
na Gráfica Edelbra, em Erechim.
O papel de miolo é o offset 75g/m² e o da capa é o cartão 250g/m².
A família tipográfica utilizada no miolo é a Arnhem.